avec les prix

CATALOGUE

D'UNE JOLIE COLLECTION

DE TABLEAUX

ANCIENS ET MODERNES, ARRIVANT DE FLANDRES,

Dont la vente se fera en la grande salle de l'hôtel de Bullion, rue J.-J. Rousseau,

Le lundi 5 octobre 1812, et jours suivans, 6 heures de relevée.

L'exposition aura lieu le dimanche 4 octobre, veille de la vente, depuis onze heures du matin jusqu'à quatre de relevée, et tous les jours, tant que durera la vente.

―――●●●――――

SE DISTRIBUE *GRATIS* A PARIS,

Chez MM. { Sibire, commissaire-priseur, rue Bétizy, n°. 11.
Clisorius, artiste, rue d'Argenteuil, n°. 7.

1812.

CATALOGUE

D'UNE JOLIE COLLECTION

DE TABLEAUX

ANCIENS ET MODERNES, ARRIVANT DE
FLANDRES.

CAREL DU JARDIN.

N°. 1. Un petit tableau, paysage montagneux. Sur le devant est un homme à cheval; d'autre part, un paysan et des animaux qui sont dans une mare d'eau. Ce morceau est d'une touche précieuse, et du plus harmonieux effet.

F. MIERIS.

2. Une jeune fille tenant un chien entre ses bras, devant une statue; elle a le

regard content, gracieux, et infiniment naturel. Coloris et exécution admirables.

W. MIERIS.

3. Un tableau représentant Mars et Vénus ; à leurs pieds est un amour ; ils sont dans un palais. Le tout est du plus précieux fini.

CALF.

4. Un petit tableau offrant sur une table un gigot, d'autres viandes, et divers fruits et légumes. Dans ce genre, il n'y a rien de plus vrai, de mieux peint, et de plus précieux.

J. VANDERMEER DE JONG.

5. Deux tableaux pendans : paysages ornés de monumens. Dans l'un, des vaches qui paissent, et un pâtre qui est appuyé contre un monument ; dans l'autre, des moutons, un berger jouant de

galoubet, assis sous un bouquet d'arbres. Ces deux sujets sont dignes de Bergem.

G. HOET.

N°. 6. Un tableau paysage : on voit auprès un monument, deux enfans qui dansent au son du tambour, un autre enfant bat; près d'eux est un chien.

D. VERBERG.

7. Paysage montagneux : divers monumens; figures et bateaux sur la rivière.

B. STRICK.

8. Une femme assise, tenant un chien épagneul à qui elle présente son doigt; une petite fille est devant elle. Joli tableau.

Le Chevalier BREYDEL

9. Deux tableaux pendans : batailles de cavalerie. Bonne production de ce maître.

H. SAFLEVEN.

N°. 10. Paysage. Devant une métairie, on voit quantité de volailles de toutes espèces, des figures, des ustensiles aratoires, et, au loin, des bestiaux dans la prairie. Ce tableau, riche de composition, est du meilleur faire de ce maître.

MOLENAER.

11. Un tableau représentant un hiver. Des patineurs et des personnes en traîneau sur la glace : divers embellissemens.

WATERLOO.

12. Petit tableau paysage avec figures, d'un effet piquant.

F. E.

13. Intérieur d'un corps-de-garde, dans la manière de J. Leduc.

PAR UN BON MAITRE.

N°. 14. Deux pendans : paysages ornés de figures, animaux et fabriques. *52-50*

J. SEGART.

15. L'embrâsement de Sodome ; Loth conduit par l'ange. *18-*

PAR UN BON MAITRE ANCIEN.

16. Paysage montagneux : à l'entrée d'un bois, sont des personnes à pied et sur mulet ; des chiens et des bestiaux de part et d'autre. *12-*

BRUSSEL.

17. Paysage avec ruines. Trois cavaliers peints par A. Vandermeulen. *10-*

M. LINS, *Elève de M. Omeganck.*

18. Paysage avec fabrique ; un berger conduisant des moutons. Cette belle *100*

(8)

composition est de M. Omeganck. L'exécution est digne de cet habile maître, sous maints rapports.

LE MÊME.

N°. 19. Paysage agreste où sont des moutons, des chèvres, un âne et un berger dormant sous un arbre. Le tout offre la touche rare et le suave du maître que M. Lins paraît rivaliser.

LE MÊME.

20. Autre paysage montagneux : une femme sur un âne, un berger avec des moutons et une chèvre traversant une mare d'eau. Ce charmant tableau ne cède en rien au précédent, dont il peut faire le pendant.

LE MÊME.

21. Paysage. Auprès d'un rocher, est un paysan avec un âne chargé de paniers, dans lequel on voit deux vans ; un

autre âne aussi chargé, des moutons et chèvres groupés avec une femme qui tient un agneau qu'elle présente à un mouton; dans le lointain, on voit un monument précédé d'une mare d'eau limpide, où un chien boit. Tout, dans ce tableau, est on ne peut pas plus soigné.

LE MÊME.

N°. 22. Paysage montagneux : auprès des roches est un monument dans lequel un escalier de pierre paraît conduire à une chapelle ; sur le devant, un berger assis contre le monument, des moutons qui paissent, et une chèvre.

LE MÊME.

23. Un paysage avec deux moutons et une chèvre.

LE MÊME.

24. Paysage: deux moutons et une chèvre, un berger au loin.

M. LINS.

N°. 25. Paysage : près d'une chaumière est un paysan qui lève un bâton sur un troupeau de moutons et une chèvre.

LE MÊME.

26. Paysage : d'un côté, un groupe de moutons ; d'autre côté, une vache blanche couchée, et une femme qui trait une vache rousse.

LE MÊME.

27. Un berger faisant rentrer un troupeau de moutons dans l'étable.

LE MÊME.

28. Paysage où sont deux moutons couchés sur l'herbe : on voit au loin des monumens.

LE MÊME.

19. Un tableau offrant la répétition du n°. 19.

M. LINS.

N°. 30. Paysage ; sur le devant est un groupe de deux moutons et un bouc, et sur une éminence, un berger avec des moutons. *18-1*

M¹¹ᵉ. LINS.

31. Paysage où sont deux vaches couchées sur l'herbe, et une femme qui trait une troisième vache. *15-*

LA MÊME.

32. Le même sujet du n°. 17. *19-5*

L. VANUDEN.

33. Un paysage avec figure. *non vendu*

CHALLE.

34. Le portrait de madame Elisabeth. *8-*

ÉCOLE DE TENIERS.

35. Un intérieur flamand. *9-30*

C. MARATI.

N°. 36. Une sainte famille.

VANGOYEN.

37. Une vue hollandaise avec quantité de personnages de tous sexes et âges.

J. VANDER LYS.

38. Des bacchantes et satyre.

GRYF.

39. De la nature morte.

ÉCOLE DE JULES ROMAIN.

40. Le portrait de François I".

LE NAIN.

41. Trois enfans fumeurs.

SALVATOR ROSA.

42. Un paysage, marine et figures.

PAR UN BON MAITRE ITALIEN.

43. Une sainte famille.

FOUCHER.

44. Deux compositions de Vernet.

BAUT ET BOUDEWINS.

45. Une riche composition de ces deux maitres.

ATTRIBUÉ A J. STEEN.

46. Une tabagie flamande.

ÉCOLE DE C. MARATI.

47. Deux pendans, sujets d'histoire.

TAUNAY.

48. Deux pendans, des sujets de Paul et Virginie.

GRENIER,

49. Une dame dans sa chambre.

VER MEULEN.

N°. 50. Deux pendans : paysage avec figures à pied et à cheval.

C. NETCHER.

51. Vertumne et Pomone.

THÉOLON.

52. Deux pendans, sujet pastoral.

BILCOCQ.

53. Le portrait d'un garçon.

M. SWAGERS.

54. Deux pendans, marine.

BAUT ET BOUDWINS.

55. Deux pendans. Paysages avec figures et animaux.

FOSQUI.

56. Un hiver avec figures.

PAR UN BON MAITRE FLAMAND.

N°. 57. Un paysage avec figures et fabriques. *non vendu*

F. BOL.

58. Une vieille femme liseuse dans un intérieur de chambre. Près d'elle sont plusieurs livres et autres objets. *jde*

LE GUIDORENI.

59. Un buste de la vierge. — *non vendu*

ANNIBAL CARRACHE.

60. Le buste du Christ couronné d'épines : il peut faire pendant avec le précédent. *25-*

SUCARELI.

61. Deux pendans. Paysages avec figures et animaux. *non vendu*

F. FRANCK.

62. L'adoration des bergers à Betleheem ; riche composition. *jde*

VANDERPOEL.

63. Un intérieur rustique flamand, une femme occupée à son ménage, des ustensiles de part et d'autre; on voit des bestiaux dans l'étable. C'est un bon tableau de ce maître.

M. DEMARNE.

64. Un paysage avec figures et animaux.

THIEBOL.

65. Une marine avec monument.

D'APRÈS WOUWERMANS.

66. Un paysage avec figures et animaux.

J. B. WENINX.

67. L'entrée d'un port : on y voit des fauconniers, un cavalier à cheval, quantité d'autres personnages de toutes classes. Ce charmant tableau mérite l'attention des amateurs.

CHAPRON.

N°. 68. Deux pendans. Des jeux d'enfans. *15*

J. VANDER LYS.

69. Pan et Syrinx. *16-5*

Mlle. LEDOUX.

70. Le buste d'une jeune fille. *16--*

MOLENAER.

71. Une fête villageoise flamande. *42-95*

VABOECK.

72. Des poules et un coq dans une basse-cour. *24-5*

J. B. WENINX.

73. La vue d'un port où sont quantités de personnages orientaux et autres nations. Ce tableau de mérite, est très-recommandable. *non vendu*

J. OSTADE.

non vendu 74. Un paysage, où sont deux aveugles qui se conduisent. D'un côté, derrière les arbres on voit une chaumière, et de l'autre, le clocher d'une église. Bon tableau du maître.

CHAVANNE et OUASSE.

35 -- 75. St.-Jean dans l'île de Pademos.

C. LEREAUB.

non vendu 76. Sur une table, sous un rideau est un tapis de Turquie, un pot de grès, des verres, une pipe et autres objets de nature morte.

JURIUS MERIANNE.

ide 77. Un renard aux prises avec un coq, auprès des poules et des poussins, fond paysage.

SARAZIN.

19 -- 5 78. Le moulin de Belleville, ainsi nommé

par le peintre. Ce bon morceau est orné de figures.

BRACKENBOURG.

79. Une école flamande, riche de composition, et rendue au naturel.

EMELRAET.

80. Un paysage rocheux; il y a des chasseurs et monumens.

L. VANUDEN.

81. Un paysage. On voit sur le second plan des bergers gardant leurs troupeaux.

M. MICHEL.

82. Un paysage piquant d'effet et d'exécution.

HENRY CARRÉ.

83. Trois Flamands entourent une table, et s'amusent à boire et à fumer.

M. PIGAULT.

84. Deux paysages offrant des vues du lac et des environs de Côme.

FYT.

85. Un lièvre et autre gibier mort.

A. CANALETTI.

87. Un paysage largement touché.

TEMPESTE.

87. Un paysage dans le genre de Francisque Bolongnese.

ORISONTI.

88. Deux paysages; l'un représente une cascade, l'autre un site d'Italie.

WYNTRANCK.

89. Un chien et un chat se disputant un morceau de viande.

WILLAERST.

90. La vue d'un port de mer.

B. MOLENAER.

91. Un intérieur d'estaminet hollandais.

On y voit plusieurs hommes et femmes
s'amusant à jouer aux cartes, et à boire.

PALEMEDES.

N°. 91. Des soldats jouant aux cartes sur un tambour.

ECOLE DE REMBRANT.

93. Loth et ses filles.

ECOLE DE BRAUWER.

94. Une tabagie flamande.

VANHEIL.

95. L'incendie de Troie.

CASTIELS.

96. Deux pendans; riche composition.

B. VANBERGEN.

97. Deux jeunes filles gardant un troupeau de vaches et moutons.

DUVAL.

98. Un paysage dans la manière de Ruysdaël.

N°. 99. Plusieurs tableaux de différens genres qui seront détaillés sous ce numéro.

100. Plusieurs lots de dessins de bons maîtres anciens et modernes, qui seront vendus sous ce numéro.

101. Gravures montées et en feuilles, seront détaillées sous ce numéro, et autres objets.

De l'Imprimerie de POULET, quai des Augustins, N°. 9.

www.ingramcontent.com/pod-product-compliance
Lightning Source LLC
Chambersburg PA
CBHW030111230526
45471CB00003B/1367